BARACK OBAMA

★ Presidente de Estados Unidos ★

Altea

Título original: *Barack Obama: United States President*
© Del texto: 2008, 2009 Grosset & Dunlap
© De las ilustraciones: 2008, 2009 Ken Call
Todos los derechos reservados.
Publicado primero en inglés en 2008 con el título *Barack Obama: An American Story*
Publicado en español con la autorización de Grosset & Dunlap, una división de Penguin
Young Readers Group

© De esta edición:
2009, Santillana USA Publishing Company, Inc.
2105 NW 86th Avenue
Miami, FL 33122, USA
www.santillanausa.com

Altea es un sello editorial del **Grupo Santillana**. Éstas son sus sedes:

ARGENTINA, BOLIVIA, CHILE, COLOMBIA, COSTA RICA, ECUADOR, EL SALVADOR, ESPAÑA, ESTADOS
UNIDOS, GUATEMALA, MÉXICO, PANAMÁ, PARAGUAY, PERÚ, PUERTO RICO, REPÚBLICA DOMINICANA,
URUGUAY Y VENEZUELA.

Barack Obama: Presidente de Estados Unidos
ISBN: 978-1-60396-623-8

Published in the United States of America
Printed in United States by HCI

15 14 13 12 11 10 09   2 3 4 5 6 7 8 9 10

BARACK
OBAMA
★ Presidente de Estados Unidos ★

Roberta Edwards
Ilustraciones de Ken Call

Altea

Santillana USA

23 de febrero de 2007.

Una multitud se ha reunido en Austin,
Texas. Han llegado unas veinte mil personas,
todas deseosas de ver a un hombre. ¿Acaso
esperan a una estrella de rock? ¿O a un

famoso actor de cine? ¿O a una leyenda del deporte?

No. Toda esta gente ha venido para escuchar un discurso del senador Barack Obama.

El senador es alto (mide seis pies, dos pulgadas) y delgado. Tiene una sonrisa amplia y amable. Tiene 45 años de edad, pero se ve más joven.

Apenas tres años atrás, en 2004, fue elegido Senador de EE.UU. por el estado de Illinois. Después comenzó a soñar con algo aún más grande: ser el primer presidente afroamericano de Estados Unidos. Hoy, cuando alguien le pasa un sombrero de vaquero, él se lo pone de inmediato. Después de todo, está en Texas.

No hace mucho tiempo, cuando se escuchaba el nombre Barack Obama, la gente decía "¿Quién?". Muchos se confundían con su nombre. Él cuenta que a veces lo llamaban "Barack Yo Mama" o "Barack Alabama".

Barack significa "bendecido". Y la verdad es que Barack Obama ha sido bendecido de varias maneras. Es inteligente, talentoso y seguro de sí mismo. Tiene una familia maravillosa. Además, es capaz de hacer que la gente lo escuche, incluso los desconocidos.

Sin embargo, Barack no siempre se sintió bendecido. De joven, se sentía diferente. Vivió con su madre y sus abuelos maternos, que eran blancos. Su padre, que era negro, vivía lejos, en África.

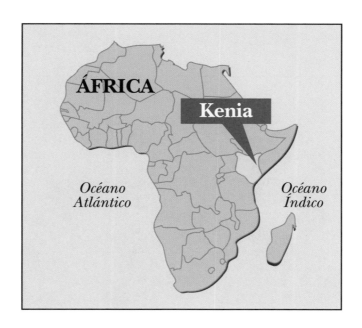

Su padre también se llamaba Barack Obama. Barack padre nació en una pequeñísima aldea de Kenia, un país de la costa este de África. Su escuela era una choza con techo de hojalata. Su familia pertenecía a la tribu Luo. Pastoreaban ovejas bajo el ardiente sol africano. Barack padre, sin embargo, anhelaba una vida diferente. Quería ir a la universidad. El gobierno lo eligió para que asistiera a una universidad estadounidense, la Universidad de Hawai.

La madre de Barack, Ann Dunham, nació a miles de millas de Kenia, al otro lado del océano, en otro continente.

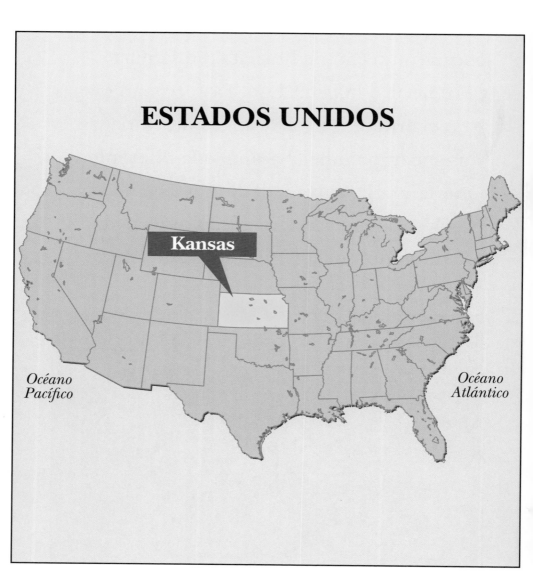

ESTADOS UNIDOS

Kansas

Océano Pacífico

Océano Atlántico

Ann creció en un pequeño pueblo de
Kansas. Su padre trabajaba en plataformas
petrolíferas y era agricultor. Su madre era
empleada de un banco.

Es difícil imaginar dos lugares más
diferentes que Kansas y Kenia.

Los padres de Barack se conocieron cuando ambos eran estudiantes en la Universidad de Hawai. Su padre tenía 23 años. Su madre tenía 18, y cursaba su primer año de estudios. Se enamoraron y se casaron. En aquella época había muy pocos matrimonios entre blancos y negros. Sin embargo, los padres de Ann aceptaron a su nuevo yerno.

El pequeño Barack nació en Honolulu, Hawai, el 4 de agosto de 1961.

Lamentablemente, el matrimonio no duró mucho. Barack tenía apenas dos años cuando se separaron sus padres. Su padre finalmente decidió regresar a África.

Casi todo lo que Barack sabía de su padre era por las fotografías de la familia, las cartas que éste le escribía y las historias que le contaba su madre.

Barack volvió a ver a su padre tan sólo una vez más. Cuando Barack tenía 10 años, su padre llegó de visita a Hawai en época de Navidad. Se quedó un mes. Para Barack, en ese entonces, su padre era como un desconocido. No se veía como el niño lo había imaginado. Era más viejo y más delgado, y cojeaba.

Una noche, su padre le dijo que apagara la televisión y se pusiera a estudiar. Barack se fue a su habitación y dio un portazo. ¿Por qué este desconocido se atrevía a decirle lo que tenía que hacer?

Sin embargo, poco a poco, Barack fue conociendo a su padre. Fueron juntos a un concierto de jazz. Su padre visitó su escuela. Pasaron muchas tardes juntos leyendo libros. Y Barack padre le enseñó a su hijo a bailar al estilo africano. Barack guardaría por siempre el recuerdo de esos días.

El padre de Barack nunca regresó a
Estados Unidos. Sin embargo, padre e
hijo se mantuvieron en contacto por carta.
Barack no viajó a Kenia hasta después de
terminar la universidad. Para entonces,
su padre había muerto en un accidente
automovilístico. Años más tarde, Barack
escribió un libro titulado *Los sueños de mi
padre*. En él, Barack habla de la enorme
influencia que tuvo su padre en él.

En 1967, la madre de Barack se volvió a casar. Lolo, su nuevo esposo, era de Indonesia. Este mapa te muestra dónde queda Indonesia.

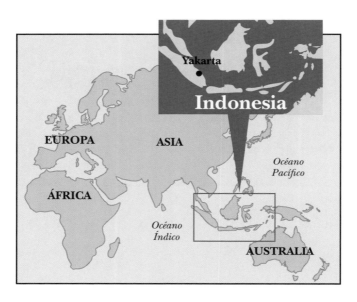

El pequeño Barack vivió durante cuatro años en una casa en las afueras de Yakarta, la capital de Indonesia. Allí nació su hermana, Maya. Por el patio correteaban gallinas y patos. En un estanque cercado había dos crías de cocodrilo. Barack tenía un mono de mascota. Se llamaba Tata.

Lolo trataba a Barack como si fuera
su propio hijo.

Un día, después de que Barack se peleara
con un niño mayor que él, que había robado
una pelota de fútbol, Lolo llegó a casa con
dos pares de guantes de boxeo: un par para
él y otro más pequeño para Barack. Lolo
le enseñó a Barack a boxear para que en
adelante se defendiera por sí mismo.

La ciudad de Yakarta

Foto de la clase de Barack en Yakarta, en la Escuela Menteng

Barack era muy inteligente, pero no siempre se portaba bien en clase. Barack dijo un día: "Era tan insoportable que mis maestros no sabían qué hacer conmigo".

A la madre de Barack le preocupaba que las escuelas de Yakarta no fueran lo suficientemente buenas para su hijo. Ella deseaba que Barack recibiera la mejor educación posible.

   También le preocupaba el crimen
en la superpoblada ciudad de Yakarta.
Entonces, decidió enviar a Barack de
vuelta a Honolulu, Hawai, donde ahora
vivían sus padres (los abuelos de Barack).
Lo aceptaron en una excelente escuela
privada. Se llamaba Escuela Punahou.

De modo que ahora Barack estaba lejos de
su madre y de su padre. Sin embargo, tenía
una relación muy cercana con sus abuelos.
Los llamaba "Toot" y "Gramps". Eran, por
supuesto, mucho más viejos que los padres
de otros niños. Además, eran blancos. Su
"familia" era muy diferente a otras familias.

Toot y Gramps no tenían mucho dinero.
Casi todos los otros chicos que estudiaban
en Punahou eran ricos.

¿Existía algún lugar en el que Barack sintiera que encajaba?

Sí. Barack aprendió a jugar baloncesto. Es más, era fanático de este deporte. Practicaba en cada oportunidad que tenía. Era bueno, lo suficiente como para ser parte del equipo de Punahou. Pero no era el mejor. Una de las razones por las cuales le encantaba el baloncesto era porque le gustaba sentirse parte de un equipo. Eso le hacía sentir que pertenecía al grupo.

En la escuela secundaria, Barack tenía amigos de todas las razas. Era una persona de mente abierta.

Una vez, un amigo negro de Punahou estaba enojado porque una muchacha blanca de su clase no había querido salir con él. El muchacho pensaba que ella era racista, que no le gustaban los negros. Sin embargo, Barack lo veía de modo diferente.

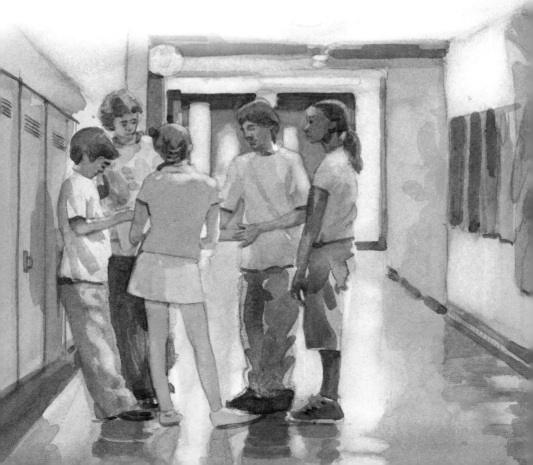

Barack le dijo a su amigo que muchas chicas quieren salir "con alguien que se parezca a su papá o a su hermano, o lo que sea, algo que nosotros no somos".

Incluso estando ya en la universidad, Barack evitaba hacerse "preguntas acerca de quién era yo". Y cuando se graduó, en la Universidad de Columbia, en la Ciudad de Nueva York, no estaba seguro de cuál debería ser su siguiente paso. ¿Qué quería hacer con su vida?

Caminó por toda la Ciudad de Nueva York, observando los diferentes vecindarios. Le gustaba la ciudad, pero veía mucha hostilidad entre gente blanca y gente negra. Incluso en la Universidad de Columbia ya había comenzado a notarlo. Las paredes de los baños de la residencia estudiantil estaban llenas de comentarios desagradables. Sin importar cuántas veces pintaran las paredes, las palabras desagradables siempre reaparecían.

Había una cosa de la cual Barack estaba seguro: quería ayudar a la gente que tenía dificultades, gente que vivía en una situación económica peor que la suya.

Barack envió cartas a centros comunitarios de todo el país, con la esperanza de conseguir un empleo.

La única respuesta que recibió fue de un grupo que trabajaba en un vecindario pobre del sur de Chicago.

De manera que partió en 1985 rumbo a
Chicago, Illinois, donde trabajó durante los
siguientes tres años.

En aquella época se habían cerrado muchas fábricas en Illinois. Había mucha gente sin trabajo. Estaban desesperados, y el gobierno no estaba haciendo lo suficiente para ayudarlos.

Barack habló con muchas personas. Escuchó muchas historias. En un complejo de viviendas subvencionadas, la gente pagaba alquiler en apartamentos que tenían las ventanas rotas y los inodoros y la calefacción descompuestos. En una escuela del vecindario no había libros suficientes para todos los estudiantes. La gente

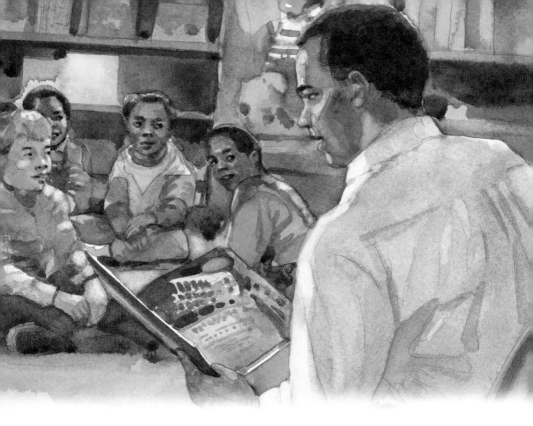

merecía vivir en un lugar decente. Los niños
merecían una buena educación.

Barack hacía lo que podía para solucionar
estos problemas. Sin embargo, se dio cuenta
de que para cambiar la vida de la gente había
que cambiar las leyes, y había que hacer
nuevas leyes para ayudar a los pobres. Barack
necesitaba asistir a la escuela de derecho para
aprender acerca de las leyes.

En 1988, Barack ingresó a la Escuela de Derecho de Harvard, que queda en las afueras de Boston. Sus compañeros de clase eran algunos de los estudiantes más inteligentes de todo el país.

Eso no fue un problema para Barack. Durante sus tres años de estudio en la escuela de derecho, Barack se esforzó como nunca antes. El último año, recibió un gran honor: fue elegido presidente de la revista *Harvard Law Review*. Era la primera vez que en Harvard se elegía a un afroamericano para ese cargo. En el periódico *New York Times* se publicó un artículo sobre Barack.

Con su diploma de abogado de Harvard, Barack podía haberse dado el lujo de elegir entre varios trabajos buenos en compañías de abogados grandes y famosas. En pocos años, se hubiera hecho rico. Sin embargo, eso no le interesaba.

Por el contrario, Barack regresó a
Chicago. Tenía dos razones para hacerlo.
Se había enamorado de una joven llamada
Michelle Robinson, que también era
abogada. Se casaron en 1992.

Michelle y Barack Obama, el día de su boda.

Barack también quería retomar el trabajo que había dejado hacía 3 años, ayudando a los pobres. Comenzó a ejercer su carrera en derechos civiles.

En Estados Unidos, las personas tienen muchos derechos civiles. Por ejemplo, tienen el derecho a votar, a una educación gratuita y a vivir en el lugar que deseen.

Sin embargo, a veces, a algunas personas se les niegan esos derechos debido a su raza o a su sexo. Se presentan para un empleo, pero son rechazados por ser quienes son, no por sus capacidades. A veces, a personas de otras razas no les venden casas en vecindarios donde todos son blancos.

Como abogado, Barack pudo ayudar a muchas personas a luchar por sus derechos civiles en los tribunales. Además, hizo una campaña para que la gente se registrara para votar.

Una pareja afroamericana busca una casa.

También dictó una clase de Constitución de EE.UU. en la Escuela de Derecho de la Universidad de Chicago.

La Constitución es el documento, escrito hace más de 200 años, que explica cómo funciona el gobierno federal de Estados Unidos. Las leyes del gobierno federal rigen para todas las personas que viven en el país.

Cada estado, además, tiene su propio gobierno y su propia constitución. Estas leyes sólo rigen para las personas que viven en dicho estado. Barack decidió postularse para el senado estatal de Illinois. Quería representar a la gente que vivía en el sur de Chicago.

Era la primera vez que Obama se postulaba para unas elecciones. ¡Y ganó, en 1996! Fue senador estatal durante ocho años. A pesar de ser demócrata, trabajó bien con los republicanos durante esos años. Luchó por los derechos de los prisioneros, por un mejor servicio de salud y por la educación de los niños más pequeños.

Barack, cargando a Malia, y Michelle, cargando a Sasha.

Barack y Michelle ahora tenían dos hijas.
Malia nació en 1998, y Sasha, en 2001.

En el año 2000 se postuló para la Cámara de Representantes. (La Cámara de Representantes y el Senado de EE.UU. son parte del gobierno federal.) Esta vez perdió, pero eso no detuvo a Barack Obama. Continuó trabajando en el senado estatal, y tenía tanto apoyo popular que nadie compitió contra él en las elecciones de 2002.

En 2004 quedó vacante uno de los dos escaños que el estado de Illinois tiene en el Senado de EE.UU. Barack Obama se convirtió en el candidato demócrata para ocupar ese puesto.

Durante su campaña por todo el estado, la gente comenzó a fijarse en este hombre joven y atractivo que tenía una mente tan brillante. Se maravillaban de ver su capacidad de conectarse con su audiencia. Quizás todos esos años en que se sintió diferente lo ayudaron a comunicarse con todo tipo de gente: blancos y negros, ricos y pobres, agricultores y obreros.

Barack da el discurso principal en la Convención Nacional Demócrata el 27 de julio de 2004.

En ese mismo año, 2004, había elecciones presidenciales. En julio, en Boston, los demócratas tuvieron su convención. Allí nominaron al senador de Massachusetts, John Kerry, como su candidato presidencial. Esperaban que Kerry pudiera derrotar a George W. Bush, un republicano que se

había postulado para su segundo período como presidente.

En toda convención presidencial hay un discurso principal en el que se resume la posición del partido político y lo que éste desea hacer por el país. En la Convención Demócrata de 2004, Barack Obama fue el encargado de dar ese discurso.

Millones de estadounidenses lo vieron por televisión. Barack Obama, de repente, se había vuelto famoso en todo el país.

El discurso fue maravilloso. Transmitió un mensaje de unidad y armonía. Entre muchas otras cosas, Obama dijo: "La gente no espera que el gobierno le solucione todos sus problemas. Sin embargo, sí sienten, en lo más profundo de su ser… que… podemos asegurar que cada niño en Estados Unidos tenga una posibilidad decente para su vida, y que las puertas de la oportunidad permanezcan abiertas para todos".

Su esposa y sus hijas estaban presentes. Sin embargo, su madre había muerto de cáncer. Así que, lamentablemente, ninguno de sus padres pudo disfrutar de este momento glorioso. Aun así, Barack habló de su familia (su madre de Kansas y su padre de Kenia) y de su niñez. Quizás esto forma parte de su encanto: es como si en él hubiera un poco de cada persona.

John Kerry perdió la contienda por la presidencia, pero Barack Obama fue elegido para el Senado de EE.UU. Era la quinta vez en la historia del país que un afroamericano resultaba elegido para senador.

El Senado de EE.UU. se reúne en Washington, D.C., en un gran edificio con cúpula que se llama Capitolio. Barack tuvo que dividir su tiempo entre Washington y Chicago, donde vivía su familia.

Barack presta juramento como Senador de Estados Unidos.

La mayoría de los senadores recién elegidos no tienen la oportunidad de participar en comités importantes, ni de aprobar leyes importantes. Sin embargo, Obama comenzó de inmediato a trabajar en los asuntos que siempre le habían preocupado. También habló muy pronto en contra de la guerra de Estados Unidos en Irak. Mucha gente estaba de acuerdo con lo que él decía.

En febrero de 2007, Barack Obama anunció que se postularía para la presidencia. Obama no fue el primer afroamericano en hacerlo.

Shirley Chisholm

En 1972, Shirley Chisholm, una congresista por el estado de Nueva York, y en 1984 y 1988, Jesse Jackson, un famoso líder de los derechos civiles, intentaron ganar la nominación demócrata como candidatos presidenciales. Lo que hasta ahora no había logrado ningún líder afroamericano era convertirse en candidato presidencial por los partidos Demócrata o Republicano.

Jesse Jackson

Muchos otros políticos deseaban convertirse en el candidato presidencial demócrata en el año 2008. A comienzos de la primavera, las opciones se había reducido a dos: Barack Obama y Hillary Clinton.

Hillary, ex primera dama, era senadora por el estado de Nueva York. Ella y Barack estaban de acuerdo en muchos temas. Al igual que Barack, Hillary deseaba pasar a la historia, pues ninguna mujer ha logrado nunca ser la candidata presidencial de alguno de los grandes partidos.

Hillary Clinton y Barack Obama

   Tanto Hillary como Obama lucharon
arduamente. Se enfrentaron en debates.
Hablaron frente a multitudes en estados
que tienen una ronda inicial de elecciones
llamadas primarias.

A comienzos de junio de 2008 estaba
claro: la mayoría de los demócratas querían
que Obama fuera su candidato. En adelante,
Hillary Clinton se dedicó a apoyar la
elección del hombre contra el cual había
luchado antes.

Algunos seguidores de Clinton deseaban que Obama eligiera a Hillary como su compañera de fórmula. Sin embargo, al final Barack eligió a Joe Biden, senador de Delaware, como su vicepresidente. Al comienzo, Biden había aspirado a ser el candidato presidencial, pero se retiró. Cuando Obama le pidió que se convirtiera en su candidato para vicepresidente, Biden aceptó. En la fotografía de abajo están Joe y Jill Biden con Michelle y Barack Obama.

En todo el país, los demócratas comen-
zaron a usar prendedores con los nombres
de Obama y Biden. Algunos llevaban el
lema "Sí, podemos". Algunos decían:
"El cambio en el que podemos creer". Otros
tenían la foto de Barack y su esposa Michelle
y la frase "La próxima Primera Familia de
Estados Unidos".

A finales de agosto se llevó a cabo en
Denver la convención demócrata. Tan sólo
cuatro años atrás, en la convención anterior,
Barack había dado el discurso principal.
¡Ahora él era el candidato de su partido!

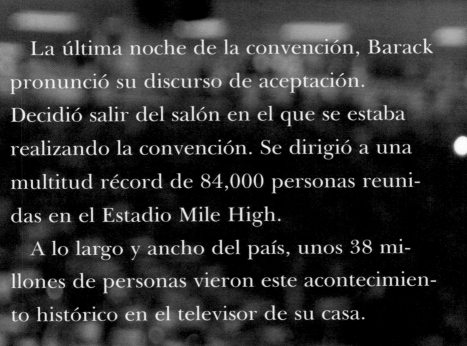

La última noche de la convención, Barack
pronunció su discurso de aceptación.
Decidió salir del salón en el que se estaba
realizando la convención. Se dirigió a una
multitud récord de 84,000 personas reuni-
das en el Estadio Mile High.

A lo largo y ancho del país, unos 38 millones de personas vieron este acontecimien-
to histórico en el televisor de su casa.

La convención republicana se realizó en Saint Paul, Minnesota, unos días después. Este partido eligió como candidato presidencial a John McCain, senador de Arizona.

McCain fue un héroe de la Guerra de Vietnam. Pasó un terrible período de cinco años y medio encerrado en una prisión de Vietnam del Norte. Este hombre inteligente, popular y divertido estaba cumpliendo su cuarto período como senador.

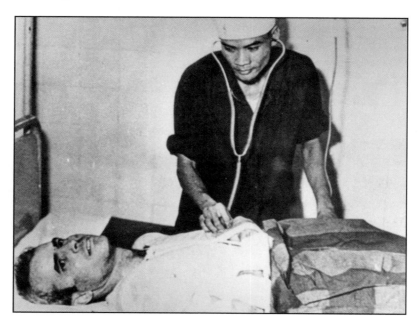

Comparado con Obama, McCain tenía mucha más experiencia en el Congreso. Al igual que Obama, era conocido por trabajar tanto con republicanos como con demócratas. De hecho, estuvo a punto de elegir al senador Joseph Lieberman como su compañero de fórmula. ¿Qué hubiera tenido eso de raro? Joe Lieberman es demócrata. Es más, ¡había sido el candidato demócrata para vicepresidente en el año 2000!

En su lugar, John McCain eligió a una recién llegada a la escena política como su compañera de fórmula. Su nombre es Sarah Palin. Era la gobernadora de Alaska desde 2006. Antes, había sido la alcaldesa de su pueblo natal.

Si los republicanos ganaban, Sarah Palin también pasaría a la historia. Sería la primera mujer elegida como vicepresidente de nuestro país.

Fue una campaña emocionante. Barack Obama y John McCain atravesaron el país a lo largo y a lo ancho para llevarles a los votantes sus mensajes.

El autobús de John McCain se llamó "El expreso del diálogo franco".

A veces Obama visitaba tres estados en un solo día. A veces su familia iba con él, pero por lo general no lo acompañaban. Estuviera donde estuviera, Obama siempre llamaba a su casa por la noche. Aunque no pudiera estar con ellas, nunca dejó de darles las buenas noches a Michelle, Malia y Sasha.

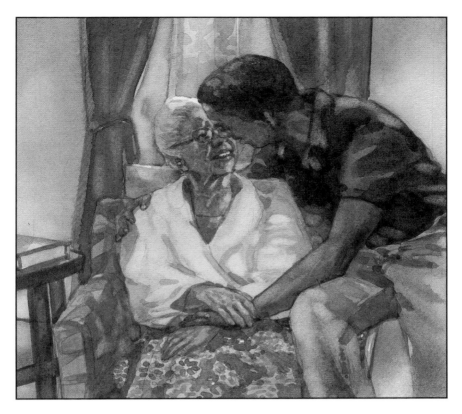

Casi el único descanso que tomó Obama
fue en octubre, para visitar a su abuela.
Barack viajó a Hawai. Toot estaba por
cumplir los 86 años de edad. La anciana
estaba débil y enferma, pero tan lúcida como
siempre. Lamentablemente, fue la última vez
que estuvieron juntos. Toot murió tan sólo
dos días antes de las elecciones.

A medida que se acercaba el 4 de noviembre, parecía que había una sola cosa en la que todos los estadounidenses estaban de acuerdo: el próximo presidente iba a tomar su cargo en un momento muy difícil. El mercado de valores estaba descendiendo vertiginosamente. Muchos bancos estaban cerrando. Cientos de miles de personas estaban perdiendo su trabajo. Muchas familias estaban perdiendo su hogar porque no podían pagar su hipoteca. Las personas que tenían casa estaban preocupadas por los costos de la calefacción, a causa del alto precio del combustible. La guerra en Irak llegaba a su quinto año. Más de 4,000 soldados estadounidenses habían muerto. Y aún no había un plan para terminar la guerra.

Un presidente republicano, George W. Bush, había gobernado durante ocho años. Cada vez había más gente convencida de que había llegado la hora del cambio.

Malia Obama y su hermanita Sasha aparecen con sus padres y los Biden en la Convención Nacional Demócrata.

El 4 de noviembre de 2008, ciudadanos de
todos los 50 estados acudieron a las urnas.
Se contaron más de 125 millones de votos.
Un número récord de jóvenes fueron a votar.
Para muchos, era la primera vez que votaban
por un presidente. Casi tres cuartas partes de
estos electores votaron por Obama.

Muchísima gente de color (afroamerica-
nos, hispanos y asiáticos) votó por Obama.
También muchos blancos votaron por él.
¡Obama derrotó a McCain por más de ocho
millones de votos!

El 20 de enero de 2009, en Washington, D.C., Barack Obama se convirtió en el cuadragésimo cuarto presidente de Estados Unidos.

En su famoso discurso de la convención demócrata de 2004, Obama habló acerca de la esperanza de la gente, y también de "la esperanza de un niño flaco que tenía un nombre raro". Se estaba refiriendo a sí mismo. Dijo que siempre había creído que en Estados Unidos había un lugar para él. Tenía razón. Y eso es algo de lo que todos podemos sentirnos orgullosos. Sí, podemos.